Traudel Hartel ist in der Museumspädagogik beim Museum für angewandte Kunst in Frankfurt/Main tätig. Sie hat viele erfolgreiche Bücher im Kreativbereich, vor allem zum Thema „Gestalten mit Papier", veröffentlicht. Für ihre Arbeiten erhielt Frau Hartel zahlreiche Preise.

VORWORT

Alle Jahre wieder

In der Advents- und Weihnachtszeit werden die meisten Grüße und guten Wünsche an Verwandte, Freunde und Bekannte verschickt. Das ist eine schöne Tradition, die aus unserem Leben nicht mehr wegzudenken ist. Etwas Besonderes sind persönlich gestaltete Weihnachtskarten, die individuell auf die Person des Empfängers abgestimmt werden können. Diese Grußkarten sind fast schon ein kleines Geschenk, sie werden lange in Erinnerung bleiben.

In diesem Buch finden Sie eine große Auswahl an klassischen und modernen Weihnachtskarten, die leicht und einfach herzustellen sind. Die gezeigten Papiere und Materialien sind natürlich austauschbar gegen Materialien aus Ihrem eigenen Fundus. Lassen Sie sich von den Karten-Ideen in diesem Buch zum Nacharbeiten und zu eigenen Entwürfen anregen.

Ich wünsche Ihnen viel Freude und Erfolg beim Gestalten Ihrer Weihnachtskarten und ein schönes Weihnachtsfest!

Ihre

Traudel Hartel

MATERIAL & TECHNIK

Material

Die Ausgangsmaterialien zum Herstellen der Karten sind Fotokarton, Tonpapier, Wellpappe und Naturpapiere. Fotokarton in bunten Farben eignet sich gut zum Herstellen von einfachen Faltkarten, Tonpapier für Motive, die ausgeschnitten werden. Wellpappe sollte möglichst durchgefärbt sein, damit die Schnittkanten farblich übereinstimmen. Strohseide und Maulbeerbaumpapier sind handgeschöpfte Naturpapiere, die es in großer Auswahl in Bastel- und Papiergeschäften gibt. Zum Gestalten der angefertigten Karten können Sie Dekobänder, Holzstreuteile, Servietten, Bast, Sticker, Poesiebildchen, ausgeschnittene und ausgestanzte Papiermotive verwenden.

Genaue Materialangaben zu den einzelnen Grußkarten sind auf den jeweiligen Seiten detailliert aufgeführt. Alle Materialien sind in Papier- und Bastelgeschäften erhältlich.

Hilfsmittel

Hilfsmittel wie Lineal, Schere, Bleistift, Silhouettenschere, Klebestift, Cutter und Schneidunterlage benötigen Sie für fast alle Arbeiten, deshalb werden diese auf den einzelnen Seiten nicht mehr aufgeführt.

Traudel Hartel

WEIHNACHTSKARTEN
klassisch & modern

Grundkarte anfertigen

Alle im Buch beschriebenen Karten sind in gängiger Postkartengröße selbst zugeschnitten oder als fertige Passepartoutkarten im Papiergeschäft gekauft. Die Zuschnittsgröße für Karten im Hochformat beträgt 15 x 21 cm (Vorlage 1) und im Querformat 10,5 x 30 cm. Mit Lineal und Falzbein oder einem festen Gegenstand das Papier in der Mitte falzen und knicken, sodass eine Faltkarte mit sauberer Faltkante entsteht. Für eine Passepartoutkarte zusätzlich noch aus der Vorderseite mit dem Cutter einen Ausschnitt schneiden. Die Ränder der Karte können noch zusätzlich mit einer Motivschere verziert werden. Eine Schreibeinlage aus weißem oder farblich zur Karte passendem Papier vervollständigt die handgefertigte Karte.

Karten mit Büttenrand

Charakteristisch für alle handgeschöpften Papiere ist der unregelmäßige Rand, der auch Büttenrand genannt wird. Um dieses typische Merkmal zu erhalten, werden die Papiere nicht geschnitten, sondern gerissen: Dazu auf der Rückseite des Papiers mit Lineal und einem festen Gegenstand die gewünschte Größe einprägen. Mit einem nassen Pinsel die geprägte Linie mehrmals nachziehen. Nun mit beiden Händen und etwas Druck das Papier am nassen Falz auseinander reißen. Auf diese Weise entsteht der Büttenrand. Vor dem Verarbeiten die Ränder gut trocknen lassen.

Text- und Schriftvorlagen

Text- und Schriftvorlagen können Sie den Vorlagen entnehmen und diese auch auf buntes Papier kopieren. Sie können auch selbst am Computer Texte in unterschiedlichen Schriftarten und Größen erstellen.

Vorlagen übertragen

Vorlagen entnehmen Sie dem Vorlagenbogen. Das gewünschte Motiv auf Transparentpapier abpausen. Die Formen ausschneiden und mit diesem Muster Schablonen aus Fotokarton herstellen. Einfacher ist es, wenn Sie das Muster vom Vorlagenteil fotokopieren, auf Fotokarton aufkleben und dann konturnah ausschneiden.

Befestigen von Papier und Dekomaterial

Für alle Papierarbeiten eignen sich Klebestifte sehr gut. Für das Befestigen der Dekomaterialien wie Holzstreuteile oder anderes Material ist Heißkleber oder Doppelklebeband besser geeignet.

MATERIAL & TECHNIK

Materialdruck

Das Verfahren, Geldstücke mit einem Bleistift auf Papier abzureiben, ist allgemein bekannt. Beim Abreiben oder Abdrücken von Materialien werden Umrisse und Strukturen sichtbar. Die erhöhten Stellen des Papiers nehmen die Farbe stärker an, sodass Konturen sichtbar werden.

2. Die Schablonen oder ausgeschnittene Sterne (Seite 26) auf einem glatten Untergrund anordnen. Darüber ein dünnes Papier legen.

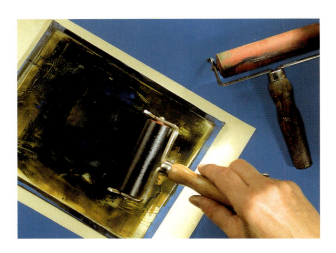

1. Wenig Farbe auf eine Glasplatte geben. Mit der Gummiwalze die Farbe gut verteilen.

3. Die eingefärbte Walze zuerst auf einem Stück Zeitungspapier abrollen, dann erst über das Papier rollen. Je weniger Farbe, desto genauer die Umrisse. Der Vorgang kann mehrmals mit unterschiedlichen Farben wiederholt werden.

Schablonendruck

Aus festem Papier oder aus Folie können Schablonen leicht selbst hergestellt werden. Das Motiv, z. B. Sterne, auf festes Papier übertragen. Mit einem Skalpell oder spitzer Schere die vorgezeichneten Linien ausschneiden. Die Farbe mit einem Stupfpinsel im Ausschnitt der Schablone auftragen.

Stempeldruck mit Naturmaterial

Mit einem Schwämmchen die Farbe, z. B. Acrylfarbe, auf ein Blatt oder eine Mohnkapsel auftragen. Das eingefärbte Motiv fest auf das vorbereitete Papier drücken. Durch Versetzen des Motivs und Verwendung mehrerer Farben entstehen Mustervarianten.

Einfache Serviettentechnik

Das Motiv aus der Serviette in groben Konturen ausschneiden. Nur die oberste, bedruckte Lage der Serviette benutzen, die unteren Lagen entfernen. Doppelseitiges Klebeband (Aslanfolie) auf Fotokarton kleben. Die Schutzfolie abziehen und das Serviettenpapier möglichst faltenfrei aufziehen. Dadurch werden die Motive stabilisiert und ein Einreißen ist nicht mehr möglich. Anstelle des doppelseitigen Klebebandes können Sie auch einen Klebestift verwenden.

Serviettentechnik mit 3D-Effekt

Das Motiv wie oben beschrieben mit doppelseitigem Klebeband aufziehen. Danach das jeweilige Motiv mit einer kleinen, spitzen Schere konturgenau ausschneiden. Abstandshalter oder Volumenband (Zellkautschuk) auf die Rückseite des ausgeschnittenen Motivs kleben. Dadurch wird das Motiv aufgeblockt und wirkt sehr plastisch.

MATERIAL

- Fotokarton in Rot, Blau
- Serviette „Weihnachten" (Ambiente)
- Goldkordel

Zusätzlich

- Locher

Geschenkanhänger

1 Aus Fotokarton kleine Faltkarten herstellen: Hierfür Streifen, 10 x 15 cm oder 8 x 14 cm, aus rotem und blauem Fotokarton zuschneiden und längs in der Mitte falten.

2 Motive aus der Serviette ausschneiden. Nur die erste, bedruckte Lage der Serviette benutzen, die beiden hinteren Lagen entfernen.

3 Fotokarton mit Klebestift bestreichen, das Serviettenmotiv möglichst faltenfrei aufkleben und ausschneiden. Das Motiv auf dem Kärtchen fixieren.

4 Auf der linken oberen Seite des Kärtchens mit dem Locher ein Loch stanzen und zum Aufhängen eine Goldkordel durchziehen.

TIPP

Bei der einfachen Serviettentechnik niemals die hauchdünne Serviette mit Kleber einstreichen, da diese reißen würde. Immer den Untergrund mit Kleber präparieren und die Serviette darauf setzen.

MATERIAL

Rote Karte
- Naturpapier in Rot, Grün (Pulsar)
- Wellpappe in Gold
- Geschenkpapier „Nikolaus"
- Kleine, dünne Holzscheibe
- Satinband in Rot

Grüne Karte
- Fotokarton in Grün
- Krepppapier in Gold
- Poesiebild „Nikolaus"

Geschenkanhänger
- Naturpapier in Rot
- Poesiebild „Nikolaus"
- Strohseide in Weiß

Zusätzlich
- Motivschere
- Abstandhalter

Nikolausgrüße

Rote Karte

Aus rotem Naturpapier eine Faltkarte herstellen (Anleitung Seite 5). Mit der Motivschere die Ränder verzieren. Ein Rechteck aus grünem Naturpapier, etwa 7 x 10 cm, reißen und mittig auf die Vorderseite der Karte kleben. Darauf ein Stück Wellpappe in Gold, 6 x 9 cm, setzen und das Nikolausbild mit Kleber fixieren. Als Verzierung eine Holzscheibe und eine schmale Satinschleife anbringen.

Grüne Karte

Aus grünem Fotokarton eine Faltkarte anfertigen (Anleitung Seite 5). Einen Streifen goldenes Krepppapier, 4 x 13 cm, auf der Vorderseite befestigen. Auf der Rückseite des Nikolausbildes Abstandhalter befestigen und das Poesiebild auf der Karte fixieren.

Geschenkanhänger

Aus rotem Naturpapier, 10 x 14 cm, eine kleine Faltkarte herstellen. Auf die Vorderseite etwas gerissene Strohseide in Weiß fixieren und darauf das Poesiebild kleben.

MATERIAL

Drei Schneemänner
- Naturpapier, geprägt, in Rot
- Naturpapier in Weiß
- Dekoband „Schneemann"
- Dekostern in Gold
- Goldkordel, dünn

Ein Schneemann
- Naturpapier in Weiß, Rot
- Filz in Grün
- Dekoband „Schneemann"
- Satinband in Rot
- Dekostern in Gold

Geschenkanhänger
- Wellpappe in Grün
- Naturpapier in Weiß
- Dekostern in Rot
- Goldkordel, dünn

Zusätzlich
- Doppelklebeband
- Motivschere

Schneemänner

Drei Schneemänner

Eine Faltkarte aus Naturpapier anfertigen (Anleitung Seite 5). Darauf weißes Naturpapier, 6 x 15 cm, mit Büttenrand (Anleitung Seite 5) seitlich versetzt kleben. Die Rückseite des Dekobandes mit Doppelklebeband beziehen, die Schutzfolie abziehen und das Band auf den weißen Papierstreifen setzen. Sternchen und eine Schleife aus Goldkordel ergänzen.

Ein Schneemann

Aus rotem Naturpapier eine Faltkarte anfertigen und die Ränder mit der Motivschere verzieren. Grünen Filz, 7 x 8 cm, mit der Motivschere zuschneiden und auf die rote Karte kleben. Darauf weißes, gerissenes Naturpapier setzen. Das Schneemannmotiv aus dem Dekoband ausschneiden, mit Doppelklebeband auf der Karte befestigen, mit Sternchen und Satinschleife dekorieren.

Geschenkanhänger

Aus grüner Wellpappe ein Kärtchen, 10 x 15 cm, zuschneiden und in der Mitte falten. Gerissenes Naturpapier und ein Schneemannmotiv aufkleben. Links oben mit dem Locher ein Loch stanzen und zum Aufhängen eine Goldkordel befestigen. Rotes Sternchen ergänzen.

MATERIAL

Rote Karte

- Fotokarton in Rot
- Tonpapier in Grün
- Metallsternchen in Gold
- Klebeschrift „Frohe Weihnachten" in Gold

Geschenkanhänger

- Fotokarton in Grün
- Tonpapier in Rot
- Metallsternchen in Gold, Rot
- Goldkordel
- Satinband in Rot

Zusätzlich

- Locher
- Sprühkleber
- Folienstift in Gold

VORLAGEN 2, 3 Seite 58

Klassisch in Rot-Grün

Rote Karte

1 Aus rotem Tonpapier eine Faltkarte anfertigen (Anleitung Seite 5). Die Motivform mit dem Stern nach der Vorlage 2 auf grünes Tonpapier übertragen und ausschneiden. Das grüne Tonpapier auf die Faltkarte kleben, der Stern ist nun rot sichtbar.

2 Die Konturen der Motivform mit dem Folienstift nachziehen. Mit etwas Sprühkleber kleine Sternchen als Verzierung anbringen und den Schriftsticker „Frohe Weinachten" aufkleben.

Geschenkanhänger

Aus grünem Fotokarton kleine Kärtchen zuschneiden. Nach der Vorlage 3 Kerze und Baum auf rotes Tonpapier übertragen, ausschneiden und auf die grünen Kärtchen kleben. Die Konturen mit dem Goldstift hervorheben. Links oben mit dem Locher jeweils ein Loch stanzen und zum Aufhängen eine Goldkordel oder ein Satinbändchen befestigen. Die Anhänger mit Sternchen verzieren.

MATERIAL

- *Fotokarton in Rot*
- *Tonpapier in Grün, Gold*
- *Zeitungspapier*
- *Goldkordel*

Zusätzlich
- *Pinsel oder Schwämmchen*
- *Acrylfarbe in Rot, Gold*

VORLAGE 4 *Seite 59*

TIPP

Versuchen Sie aus einfachen Buntpapieren nicht nur Kreise, sondern auch Quadrate zu falten und durch fantasievolle Einschnitte neue, eigene Muster zu kreieren.

Faltsterne

Faltsterne anfertigen

Zeitungspapier großzügig mit roter und goldener Farbe anstreichen und gut trocknen lassen. Aus dem gefärbten Papier verschieden große Kreise ausschneiden (Vorlage 4). Diese mittig dreimal falten, sodass nur noch ein Achtel des Kreises zu sehen ist. Mit einer kleinen, spitzen Schere das Papier der Vorlage entsprechend einschneiden. Den gefalteten Kreis öffnen und auf dem gewünschten Untergrund befestigen.

Karten und Anhänger

1 Für die rote Karte aus Fotokarton eine Faltkarte herstellen (Anleitung Seite 5) und auf die Vorderseite zuerst goldenes Tonpapier, 5 x 15 cm, und darüber grünen Fotokarton, 4 x 15 cm, kleben. Zwei unterschiedliche Faltsterne auf dem Streifen platzieren. Mit Goldkordel und Schriftsticker verzieren.

2 Das kleine grüne Kärtchen so wie die rote Karte anfertigen. Für die Sterne einen Faltstern auf grünen Fotokarton kleben und die Umrisse etwas größer ausschneiden. Eine Goldkordel als Aufhängung an dem Stern befestigen.

MATERIAL

- Fotokarton in Blau
- Fotokarton, geprägt, in Weiß (Pulsar)
- Tischkarten mit Stanzmotiv (Artoz): 1 x „Schneemann" in Weiß ; 1 x „Sterne" in Blau
- Sticker-Sterne in Silber

Zusätzlich
- Abstandhalter
- Folienstift in Silber

Frohes Fest

1 Faltkarten in Weiß und Blau anfertigen (Anleitung Seite 5). Von den Tischkarten das gefaltete Rückenteil abschneiden. Mit einem Folienstift in Silber die Tischkarten beschriften.

2 Die Tischkarten mit Abstandhaltern jeweils auf den Karten fixieren. Für die blaue Karte Schneeflocken mit Silberstift aufmalen, für die weiße Karte Sterne aufkleben.

TIPP

Tischkarten, auch Briccis genannt, lassen sich sehr vielseitig verwenden. Beispielsweise für Einladungen zum Fest, Tischdekorationen, Menükarten und Dankesbriefe.

MATERIAL

Rote Karte
- Wellpapp-Karte in Rot
- Leinenband, 3 cm breit
- Sticktwist, 1-fädig, in Grün, Dunkelrot, Rot, Weiß, Braun, Ecrue
- Lärchengirlande, 20 cm

Blaue Karte
- Faltkarte in Blau
- Wellpappe in Grün
- Schriftsticker „Frohe Festtage" in Gold
- Stickstoff in Weiß, 10 x 10 cm
- Stickgarn in Gold, Blau, Hellgrün, Dunkelgrün

Zusätzlich
- Nadel
- Motivschere

VORLAGEN 5, 6 Seite 59

Kreuzstich-Motive

Rote Karte

Die Motive anhand der Vorlage 5 auf das ungebleichte Leinenband, 3 x 17 cm, sticken. Das Sticken erfolgt über zwei Gewebefäden mit 1-fädigem Sticktwist. Die fertige Arbeit von der Rückseite bügeln. Das Leinenband zusammen mit der Lärchengirlande auf die Karte kleben.

Blaue Karte

1 Die Bäumchen anhand der Vorlage 6 in vier verschiedenen Farben auf den weißen Stickstoff sticken. Die Kreuzstiche über zwei Gewebefäden mit 1-fädigem Sticktwist ausführen. Das gestickte Bild auf weißen Fotokarton kleben.

2 Grüne Wellpappe, 9 x 12 cm, mit der Motivschere zuschneiden. In die Wellpappe ein Fenster, 5 x 5 cm, schneiden. Hinter dem Fenster das Stickbild befestigen und das Ganze auf eine blaue Faltkarte kleben. Schriftsticker ergänzen.

MATERIAL

Zarte Blätter

- *Handgeschöpftes Papier in Weiß, Lila*
- *Willowblatt in Natur, Gold*
- *Stoffsternchen in Gold*
- *Goldkordel*

VORLAGEN 7, 8 Seite 62

1 Aus handgeschöpftem Papier in Weiß und Lila jeweils eine Faltkarte mit Büttenrand anfertigen (Anleitung Seite 5). Der Büttenrand ist charakteristisch für handgeschöpftes Papier und lässt sich leicht herstellen.

2 Auf die Vorderseite der Karten ein jeweils andersfarbiges Papier setzen und mit einem Willowblatt, Textfragmenten (Vorlagen 7 und 8) und Goldsternchen verzieren. Eine Schreibeinlage einfügen und mit einer Goldkordel befestigen.

MATERIAL

- Fotokarton in Blau mit goldenen Sternen
- Fotokarton in Blau
- Tonpapier in Weiß
- Goldpapier (Artebene)
- Dekosterne in Gold
- Goldkordel
- Schriftsticker „Frohe Weihnachten" in Gold

Zusätzlich
- Musterbeutelklammern
- Motivschere
- Folienstift in Gold

VORLAGEN 9 – 12 Seite 59/60

Blau & Gold

Blauer Stern

Nach der Vorlage 9 den Stern aus blauem Fotokarton als Faltkarte zuschneiden. Die Ränder des Sterns mit einem Goldstift nachziehen, mit einem Goldsternchen verzieren und den Schriftsticker „Frohe Weihnachten" aufkleben.

Karte mit kleinen Sternen

Aus dem Fotokarton mit Sternen eine Faltkarte herstellen (Anleitung Seite 5). Von der Vorderseite einen 4 cm breiten Streifen in Längsrichtung mit der Motivschere abschneiden. Auf die rechte Innenseite der Karte Goldpapier fixieren und den Rand ebenfalls mit der Motivschere zuschneiden.
In der Mitte der Karte einen blauen (Vorlage 10) und einen goldenen Dekostern oder ausgeschnittenen Stern mithilfe einer Musterbeutelklammer befestigen. Auf der Rückseite der Karte ebenfalls einen Goldstern mit einer Klammer anbringen. Mit einer Goldkordel die Karte an den Sternen verschließen.

Karte mit großem Stern

Aus Sternen-Karton eine Faltkarte herstellen. Die Vorderseite der Karte nach der Vorlage 11 zuschneiden. Goldpapier in der Karte fixieren. Nach Vorlage 12 einen blauen Stern zuschneiden, die Ränder mit Goldstift bemalen. Den blauen Stern und einen kleinen Goldstern mit einer Musterbeutelklammer mittig auf die Karte setzen. Mit einer Goldkordel dekorieren.

MATERIAL

- *Fotokarton in Weiß, Rot, Blau*
- *Goldpapier*
- *Dünnes Schreibpapier in Weiß*
- *Dünnes Packpapier*
- *Goldkordel*

Zusätzlich

- *Glasplatte*
- *Linoldruckfarben*
- *Linolwalze*

VORLAGE 13 Seite 60

Gedruckte Sterne

1 Verschiedene Sternschablonen nach der Vorlage 13 anfertigen. Nach der Anleitung auf Seite 6 den Materialdruck durchführen. Mehrere Versuche in unterschiedlichen Farben und Papierqualitäten machen und erst dann eine Auswahl treffen.

2 Zusätzlich können die Papiere noch mit Schablonen bedruckt werden (Anleitung Seite 7) wie die hellen Sterne auf den abgebildeten Karten.

3 Aus dem bedruckten Papier einen gelungenen Ausschnitt aussuchen und auf die blaue Faltkarte kleben. Bei der roten Faltkarte den bedruckten Ausschnitt mit Goldpapier unterlegen. Goldkordel ergänzen.

TIPP

Bei dunklen Karten empfiehlt es sich, eine Schreibeinlage aus hellem Tonpapier zu verwenden.

MATERIAL

Krippe

- Tonpapier in Dunkelrot DIN A4, Gold, Orange
- Serviette „Krippe" (Home Fashion)
- Schriftsticker „Frohe Weihnachten" in Gold

Engel

- Tonpapier in Dunkelrot DIN A4
- Fotokarton in Weiß
- Goldpapier
- Serviette „Engel" (Fasana)

Zusätzlich

- Abstandhalter
- Doppelklebeband

VORLAGEN 14 – 16 Seite 60 – 62

Engel & Krippe

Krippe

1 Einen Bogen aus dunkelrotem Tonpapier in der Größe DIN A4 nach der Vorlage 14 zuschneiden und an den markierten Linien im Zickzack zum Leporello falten. Für das Krippenbild ein Passepartout auf der Vorderseite des Faltblattes ausschneiden. Zwei Palmen nach der Vorlage 15 zuschneiden und seitlich am Ausschnitt festkleben. Schriftsticker ergänzen.

2 Die sichtbare Seite des mittleren Blattes mit orangefarbenem Tonpapier beziehen und ebenfalls ein Passepartout in der gleichen Größe wie auf der Vorderseite ausschneiden. Aus der Serviette das Krippenbild ausschneiden und nur die oberste, bedruckte Lage verwenden. Die Stelle genau hinter dem Passepartout mit Klebestift bestreichen und das Krippenbild vorsichtig aufziehen. Goldpunkte zur Verzierung aufmalen.

Engel

Ein Leporello, wie oben beschrieben, vorbereiten. Das mittlere Blatt mit Goldpapier beziehen. Aus der Serviette den Engel grob umrandet ausschneiden und die oberste, bedruckte Schicht mit Doppelklebeband auf Fotokarton aufziehen (Anleitung Seite 7). Mit einer spitzen Schere das Motiv konturgenau ausschneiden. Den Engel und ein Textband (Vorlage 16) mit Abstandhalter auf der Karte befestigen.

TIPP

Sollte der Rand des Dekobandes gedrahtet sein, entfernen Sie den Draht. Dadurch wird das Band geschmeidiger und lässt sich leichter verarbeiten.

MATERIAL

Tannenbäume

- Faltkarte in Silber
- Tonpapier in Weiß
- Dekoband „Tannenbäume", transparent, 6 cm breit
- Silberfaden
- Sticker „Kristalle" in Silber

Glocken

- Passepartout-Karte aus Wellpappe in Grün
- Transparentpapier
- Holzdekoteil „Glocken" in Silber
- Silberfaden
- Sticker „Sterne" in Silber

Zusätzlich

- Heißkleber
- Glitterstift
- Motivschere

VORLAGEN 17, 18 Seite 62

Tannenbäume & Glocken

Tannenbäume

Einen Textstreifen (Vorlage 17) mittig auf die Vorderseite der Faltkarte kleben. Darüber das transparente Dekoband „Tannenbäume" legen und die Enden an der Innenseite festkleben. Den Rand einer weißen Schreibeinlage mit der Motivschere schneiden und etwas überstehend in die Karte legen. Die Karte mit Kristall-Stickern und einer Silberkordel dekorieren.

Glocken

Den Text (Vorlage 18) auf Transparentpapier kopieren und hinter den Ausschnitt der Wellpappkarte kleben. Auf der Vorderseite die Silberglöckchen aus Holz und eine Silberschleife mit Heißkleber befestigen. Die Karte mit Silberfäden, Silbersternchen und Silberglitter verzieren.

MATERIAL

- Fotokarton in Blau
- Fotokarton in Weiß (Canson)
- Dekoband „Eiskristalle", transparent, 4 cm breit
- Goldkordel
- Wäscheklammer in Gold, klein

Zusätzlich

- Motivlocher „Eiskristall", groß und klein
- Folienstift in Gold
- Klebestift

VORLAGEN 19 – 21 Seite 60/62

Eiskristalle

Blaue Karte

Aus blauem Fotokarton eine Faltkarte anfertigen (Anleitung Seite 5). Das Dekoband um die Karte legen und an der Innenseite festkleben. Mit dem Motivlocher große und kleine Eiskristalle aus weißem und blauem Tonpapier ausstanzen und verteilt auf der Karte festkleben. Den Schriftzug „Frohe Weihnachten" (Vorlage 19) aufkleben und mit einer kleinen goldenen Klammer anstecken.

Weiße Karte

Auf die weiße Faltkarte mittig einen Streifen aus blauem Tonpapier, 4 x 12 cm, kleben. Aus einem etwas kleineren, weißen Streifen Eiskristalle ausstanzen und den Streifen auf der Karte fixieren. Schmale Randstreifen „Frohe Weihnachten" (Vorlage 20) ergänzen. Eine Schreibeinlage mit einer Goldkordel befestigen. Blaues Stanzkristall ergänzen.

Kleine Karte

Eine kleine Karte aus weißem Tonpapier, 10 x 14 cm, zuschneiden und in der Mitte falten. Blaues Tonpapier nach der Vorlage 21 zuschneiden und auf die Vorderseite der Karte kleben, ebenso die mit dem Motivlocher ausgestanzten blauen und weißen Kristalle. Mit goldenem Folienstift die blaue Fläche umranden. Mit einem spitzen Gegenstand links oben ein Loch bohren und einen Goldfaden durchziehen.

MATERIAL

- *Fotokarton in Weiß*
- *Serviette in Pink-Orange-Rot (Stewo)*
- *Wellpappe in Gold*
- *Goldkordel*
- *Dekoband, transparent*

Zusätzlich
- *Doppelklebeband*
- *Motivschere*

VORLAGE 22 *Seite 60*

TIPP

Damit sich größere Klebeflächen nicht wellen, diese zum Trocknen in ein altes Telefonbuch oder zwischen Zeitungen legen und beschweren.

Aktuelle Farben

Karte mit Goldkordel

1 Aus weißem Fotokarton eine Faltkarte anfertigen (Anleitung Seite 5). Von der Vorderseite 3 cm in Längsrichtung abschneiden. Die Serviette in Größe der Kartenvorderseite zuschneiden und die oberste, bedruckte Schicht ablösen.

2 Die Vorderseite der Karte mit Klebestift einstreichen und die Serviette vorsichtig ohne Falten aufziehen. Den Rand mit der Motivschere ausschneiden. In gleicher Weise den überstehenden Rand der hinteren Innenseite beziehen. Die Faltkarte mit einer Goldkordel verschließen.

Karte mit Stern

1 Die Vorderseite einer weißen Faltkarte der Abbildung entsprechend schräg zuschneiden. Die hintere Innenseite, wie oben beschrieben, mit der Serviette beziehen. Auf die Vorderseite einen 6 cm breiten Streifen des Serviettenmusters mit Kleber fixieren und darüber ein transparentes Dekoband setzen.

2 Aus Wellpappe einen Stern nach der Vorlage 22 zuschneiden und mittig auf der Karte befestigen. Eine Goldkordel im Rand der Karte verknoten.

MATERIAL

- Fotokarton in Weiß (Canson)
- Tonpapier in Blau
- Blätter, getrocknet
- Mohnkapsel
- Schriftsticker „Frohe Festtage" in Gold

Zusätzlich

- Pinsel oder Schwamm
- Acrylfarbe in Weiß, Gold
- Folienstift in Gold

Pflanzendruck

1 Aus weißem Fotokarton verschieden große Faltkarten anfertigen (Anleitung Seite 5).

2 Mit einem Schwämmchen oder einem Pinsel weiße und goldene Farbe auf ein frisches Blatt auftragen. Das bestrichene Blatt auf dem blauen Papier mehrmals fest abdrücken, dabei die Position des Blattes immer wieder verändern (Anleitung Seite 7).

3 Ebenso die Rosette der Mohnkapsel mit Farbe bestreichen und auf blaues Papier drücken. Die schönsten Druckergebnisse auswählen und auf die weißen Faltkarten kleben.

4 Die Ausschnitte mit Goldstift umranden und die Schriftsticker „Frohe Weihnachten" ergänzen.

TIPP

Immer mehrere Versuche für jedes Motiv machen und dann eine Auswahl treffen.

MATERIAL

Stiefel

- Fotokarton in Hellbraun
- Dekoband in Rot-Grün kariert
- Filz in Rot
- Goldfaden
- Satinschleife in Rot
- Flowerhair in Gold
- Metallsternchen in Gold

Säckchen

- Handgeschöpftes Papier in Natur (Pulsar)
- Dekoband in Rot-Grün kariert
- Goldkordel
- Filz in Rot
- Stoffsternchen in Gold

Zusätzlich

- Doppelklebeband
- Motivschere
- Nähnadel

VORLAGE 23 Seite 60

Stiefel & Säckchen

Stiefel

1 Aus hellbraunem Fotokarton eine Faltkarte anfertigen (Anleitung Seite 5). Einen Streifen Doppelklebeband seitlich links auf die Karte kleben. Die Schutzfolie abziehen und das karierte Dekoband auf das Klebeband setzen.

2 Den Stiefel nach der Vorlage 23 aus rotem Filz zuschneiden und mit einem Goldfaden umnähen. Den Stiefel mit etwas Flowerhair, einem Sternchen und einer Satinschleife dekorieren und auf das Karoband kleben.

Säckchen

1 Aus Naturpapier eine Faltkarte anfertigen. Ein Quadrat, 7 x 7 cm, aus rotem Filz mit der Motivschere zuschneiden und auf die Vorderseite der Karte kleben. Dekoband, 5 x 12 cm, in der Mitte falten. Die Seitenteile mit Nadel und Goldfaden zu einem Säckchen zusammennähen.

2 Das Säckchen mit etwas Seidenpapier oder Watte füllen und mit einer Goldkordel verschließen. Mit Doppelklebeband das Säckchen auf der roten Filzunterlage befestigen und die Karte mit Sternchen verzieren.

MATERIAL

- Fotokarton in Silber, in Grün mit silbernen Sternen
- Wellpappe in Silber
- Transparentpapier
- Knopf in Perlmuttfarben
- Silberfaden

Zusätzlich
- Nähnadel
- Locher

VORLAGEN 24 – 26 Seite 61 – 63

O Tannenbaum

Karte mit Stern

Aus Fotokarton in Silber eine Faltkarte herstellen (Anleitung Seite 5). Grünen Sternkarton, 6 x 7 cm, auf die Karte kleben. Nach der Vorlage 24 den Stern aus Wellpappe schneiden und diesen mithilfe von Nadel, Silberfaden und Knopf seitlich aufnähen. Das Textband „Fröhliche Weihnachten" (Vorlage 24) auf Transparentpapier kopieren, ausschneiden und auf der Karte platzieren.

Grüne Karte

Eine Faltkarte aus Sternkarton anfertigen. Den oberen Rand auf der Vorderseite der Abbildung entsprechend schräg zuschneiden. Den Text (Vorlage 25) auf Transparentpapier kopieren und in die Karte einlegen, sodass sie am oberen Rand zu sehen ist. Den Tannenbaum nach der Vorlage 25 zuschneiden, mit einem Silberfaden verzieren und auf der Vorderseite der Karte fixieren.

Geschenkanhänger

Textkopie (Vorlage 26) auf Transparentpapier kopieren und in der Größe 7 x 9 cm auf ein kleines Faltkärtchen kleben. Darauf einen Streifen Wellpappe, 3 x 9 cm, setzen. Nach der Vorlage 26 den Tannenbaum zuschneiden und etwas überstehend auf der Wellpappe befestigen. Links oben mit dem Locher ein Loch stanzen, zum Befestigen des Anhängers einen Silberfaden durch das Loch führen und verknoten.

TIPP

Bedruckter Karton eignet sich vorzüglich für die Gestaltung von Karten und Anhängern.

MATERIAL

- Tonpapier in Orange, Dunkelrot DIN A4
- Dekoband in Orange-Braun
- Strohseide in Orange, Dunkelrot
- Blatt, vergoldet
- Goldkordel
- Stoffsternchen in Gold
- Säckchen mit Gewürznelken

Zusätzlich

- Klebestift
- Motivlocher „Stern", klein

Geschenkbriefe

1 Die Papierbogen breitseitig bei 10 und 20 cm falten. Auf eine Schreibeinlage die Grüße schreiben und diese zusammen mit dem Geldgeschenk oder Gutschein jeweils in den gefalteten Papierbogen einlegen.

2 Die Geschenkbriefe jeweils mit einem 8 cm breiten Streifen Strohseide umwickeln und um diese Manschette ein farblich passendes Dekoband legen. Mit einem Seidenfaden oder einer Goldkordel mehrmals umwickeln und auf der Vorderseite verknoten.

3 Geschenkbriefe mit Sternchen, einem vergoldeten Blatt und einem kleinen Nelkensäckchen dekorieren. Für das Nelkensäckchen einen 10 cm langen Streifen des Geschenkbandes falten und an beiden Seiten zusammennähen.

TIPP

Das Geschenkband ist leichter zu verarbeiten, wenn der dünne Draht aus den Kanten entfernt wird.

MATERIAL

Weiße Karte mit Goldsternen

- Fotokarton in Weiß mit Goldsternen
- Poesiebild „Engel"
- Goldkordel

Karte aus Wellpappe

- Faltkarte aus Wellpappe in Weiß
- Strohseide in Blau
- Poesiebild „Engel"
- Flowerhair in Gold
- Goldkordel
- Sticker „Sterne" in Gold

Zusätzlich

- Abstandhalter
- Folienstift in Gold

VORLAGE 27 Seite 63

Engelsgrüße

Weiße Karte mit Goldsternen

1 Aus dem Fotokarton eine Passepartout-Karte anfertigen (Anleitung Seite 5). Den Ausschnitt mit dem Text (Vorlage 27) hinterkleben und mit einem Goldstift umranden.

2 Auf der Rückseite des Engelmotivs Abstandhalter anbringen. Den Engel zusammen mit einer Goldkordelschleife mittig auf der Karte mit Kleber fixieren.

Karte aus Wellpappe

Das Fenster der Passepartout-Karte mit blauer Strohseide hinterkleben und goldene Punkte mit dem Folienstift auftupfen. Das Engelmotiv mit Abstandhalter direkt auf die Vorderseite der Karte kleben. Mit einer Goldkordel die Karte verschließen und mit Klebesternchen und Flowerhair verzieren.

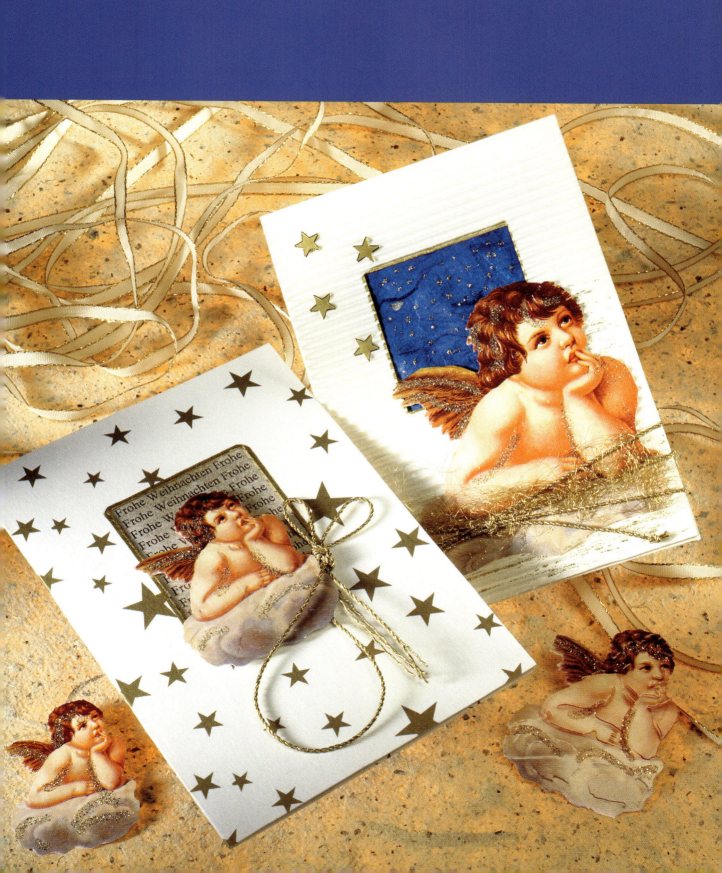

TIPP

Probieren Sie weitere Entwürfe mit Positiv- und Negativschablonen aus, wie z. B. Tannenbaum und Kerze.

MATERIAL

- *Fotokarton, geprägt, in Lila*
- *Naturpapier in Orange, Rot*
- *Strohseide in Lila*
- *Goldkordel*
- *Schriftsticker „Frohe Festtage", „Glückliches Neues Jahr" in Gold*

VORLAGEN 28 – 30 Seite 61

Karten im Trend

Lila Karte

Aus dem geprägten Karton eine Faltkarte anfertigen (Anleitung Seite 5). Das Sternmuster nach der Vorlage 28 auf orangefarbenes Naturpapier übertragen, ausschneiden und auf die Karte kleben. Schriftsticker und Goldkordel ergänzen.

Karte mit Päckchen

Aus Naturpapier in Orange eine Faltkarte im Querformat anfertigen (Anleitung Seite 5). In die Mitte der Karte gerissene Strohseide, 5 x 6 cm, aufkleben. Nach der Vorlage 29 drei Rhomben zuschneiden und diese zu einem Päckchen auf der Karte anordnen. Die Papiere ankleben und mit Kordel und Sternchen verzieren. Schriftsticker fixieren.

Karte mit zwei Sternen

Das Sternmuster nach der Vorlage 30 auf lila Fotokarton übertragen und der Abbildung entsprechend auf eine orangefarbene Karte kleben. Mit Goldkordel und Schriftsticker verzieren.

MATERIAL

- Faltkarte in Cremefarben
- Fotokarton in Rot
- Geschenkpapier mit Noten
- Satinband in Rot
- Strohstern
- Schriftsticker „Frohe Weihnachten" in Gold

Zusätzlich

- Siegellack
- Siegelstempel
- Folienstift in Gold

Für Musikfreunde

Rote Karte

Eine Faltkarte aus rotem Fotokarton anfertigen (siehe Anleitung Seite 5). Auf die Vorderseite einen Streifen des Noten-Geschenkpapiers aufkleben. Darüber ein schmales Satinband fixieren und mit Lack und Siegel verzieren. Den Rand mit einem Goldstift nachziehen und den Schriftsticker platzieren. Einen Gutschein in die Faltkarte legen.

Helle Karte

Die Vorderseite einer hellen Faltkarte mit dem Noten-Geschenkpapier beziehen. Rotes Satinband um die Karte legen, den Strohstern anbringen und mit Lack und Siegelstempel versiegeln.

TIPP

Anstelle des Geschenkpapiers können Sie auch gut Fotokopien von Notenblättern verwenden.

MATERIAL

- *Fotokarton in Weiß (Canson)*
- *Tonpapier in Weiß*
- *Wellpappe in Gold*
- *Transparentpapier*
- *Weihnachtsstoff in Blau*
- *Goldkordel*

Zusätzlich
- *Doppelklebefolie*
- *Motivlocher „Schneekristall"*
- *Nadel*

VORLAGEN 24, 31, 32 Seiten 61, 62

Textile Grüße

Blaue Karte

1 Aus weißem Tonpapier eine Faltkarte im Querformat anfertigen (Anleitung Seite 5). Die Vorderseite der Karte mit Doppelklebefolie beziehen.

2 Die Schutzfolie abziehen und den zugeschnittenen Streifen Stoff möglichst faltenfrei auflegen. Die Ränder der Karte exakt mit dem Cutter nachschneiden.

3 Aus Wellpappe einen Stern nach der Vorlage 31 ausschneiden und mit Nadel und Goldfaden auf die Karte nähen. Schreibeinlage mit Goldkordel an der Faltung befestigen.

Weiße Karte

1 Aus dem Fotokarton eine Faltkarte mit der Zuschnittsgröße 14 x 28 cm herstellen. Wie oben beschrieben, Fotokarton mit Stoff beziehen. Den Stern nach der Vorlage 32 übertragen und ausschneiden.

2 Den Stern mit Nadel und Faden auf der Karte befestigen und den Faden zur Schleife binden. Ausgestanzte Schneekristalle aufkleben. Text (Vorlage 24) auf Transparentpapier kopieren und auf der Karte fixieren.

TIPP

Weihnachtsstoffe gibt es in großer Auswahl. Sie können mit Bügelvlies (Vliesofix) auf Karton aufgezogen werden.

MATERIAL

- *Transparentpapier (Copy Shop)*
- *Schreibpapier in Orange DIN A4*
- *Strohseide in Dunkelrot*
- *Dekoband in Dunkelrot mit Gold*
- *Goldkordel*
- *Stoffsternchen in Gold*

VORLAGE 33 Seite 63

TIPP

Transparentpapiere sehen besonders schön aus mit einer farbigen Unterlage wie Regenbogenpapier oder Papiere mit Sternen und Weihnachtsmotiven.

Heilige Nacht

Karte in Orange

1 Bild und Text der Vorlage 33 entnehmen und im Querformat auf orangefarbenes Papier, DIN A4, fotokopieren. Den Papierbogen dreiteilig so falten, dass das Bild auf der Vorderseite erscheint.

2 Den Faltbogen mit einem Streifen Strohseide, 6 cm breit, umwickeln. Darüber ein dazu passendes Dekoband legen und mit einer Goldkordel verschließen. Mit Sternchen dekorieren.

Karte aus Transparentpapier

Bild- und Textvorlage auf Transparentpapier, DIN A4, im Querformat kopieren, dreiteilig falten und mit Buntpapier unterlegen. Die Einlage kann noch persönlich beschriftet werden.

MATERIAL

Für beide Karten
- Schriftsticker „Glückliches Neues Jahr" in Gold
- Satinband in Rot

Rote Karte
- Fotokarton in Rot
- Strohseide in Grün
- Holzdekoteil „Glocke"

Weiße Karte
- Fotokarton in Weiß (Canson)
- Tonpapier in Grün, Rot
- Holzdekoteile, 2 x „Schornsteinfeger"; 1 x „Hufeisen"

Zusätzlich
- Heißkleber

Neujahrsgrüße

Rote Karte

Eine Faltkarte aus rotem Fotokarton anfertigen (Anleitung Seite 5). Gerissene, grüne Strohseide, 8 x 12 cm, auf die Karte kleben. Mit einem roten Satinband das Holzteil mit Glocken auf der Karte festknoten. Schriftsticker rechts unten auf der Karte anbringen.

Weiße Karte

Eine weiße Faltkarte herstellen. Darauf drei Quadrate, 3 x 3 cm, aus rotem und grünem Tonpapier kleben. Die Felder mit den Holzdekoteilen schmücken und mit Heißkleber befestigen. Schriftsticker auf die Karte kleben und eine Schreibeinlage mit einem schmalen Satinband befestigen.

TEXTBEISPIELE

Weihnachten

Liebe Familie …,

ich wünsche Ihnen von Herzen
ein frohes und besinnliches Weihnachtsfest
und ein glückliches Neues Jahr!

Herzliche Grüße

Liebe/r Herr/Frau …,

wir wünschen Ihnen und Ihrer Familie ein gesegnetes
Weihnachtsfest und ein gutes Neues Jahr,
vor allem Gesundheit,
Freude und beruflichen Erfolg!

Viele Grüße

Ihre Familie …

Liebe/r …,

ich wünsche dir gemütliche und erholsame Feiertage
und einen guten Start
ins Neue Jahr!

Liebe Grüße

Leise rieselt der Schnee,
still und starr liegt der See,
weihnachtlich glänzet der Wald,
freue dich, Christkind kommt bald.

Nikolaus, sei unser Gast,
wenn du was im Sacke hast.
Hast du was, so setz dich nieder,
hast du nichts, dann geh nur wieder.

Morgen, Kinder, wird's was geben,
morgen werden wir uns freun!
Welch ein Jubel, welch ein Leben
Wird in unserem Hause sein!
Einmal werden wir noch wach,
heißa, dann ist Weihnachtstag!

O Tannenbaum, O Tannenbaum,
wie treu sind deine Blätter!
Du grünst nicht nur zur Sommerzeit,
nein auch im Winter, wenn es schneit.
O Tannenbaum, o Tannenbaum,
wie treu sind deine Blätter.

Der schönste Baum

Ich kenne ein Bäumchen gar fein und zart,
das trägt Früchte seltener Art.
Es funkelt und leuchtet mit hellem Schein
Weit in des Winters Nacht hinein.
Das sehen die Kinder und freuen sich sehr
Und pflücken vom Bäumchen –
Und pflücken es leer.

(Volksgut)

Es treibt der Wind im Winterwalde
Die Flockenherde wie ein Hirt,
und manche Tanne ahnt, wie balde
sie fromm und lichterheilig wird.
Und lauscht hinaus. Den weißen Wegen
Streckt sie die Zweige hin – bereit,
und wehrt dem Wind und wächst entgegen
der einen Nacht der Herrlichkeit.

(Rainer Maria Rilke)

Neujahr

Das neue Jahr hat grad begonnen,
die ersten Vorsätze sind zerronnen.
Was soll's! Es gibt jetzt kein Zurück!
Zum Neuen viel Erfolg und Glück!

Jede Minute, die man lacht,
verlängert das Leben.
(Chinesisches Sprichwort)

Ich bringe Euch zum neuen Jahr
Die allerbesten Wünsche dar
Und hoffe, daß es bis zum Ende
Euch lauter gute Tage sende!

Prost Neujahr – rufen wir nun aus.
Das neue Jahr bringt Glück ins Haus!
Was wir im alten falsch getan,
das fangen wir von neuem an
mit Glauben, Lieben, Hoffen.

Gut ist der Vorsatz,
aber die Erfüllung schwer.

(Johann Wolfgang von Goethe)

VORLAGEN

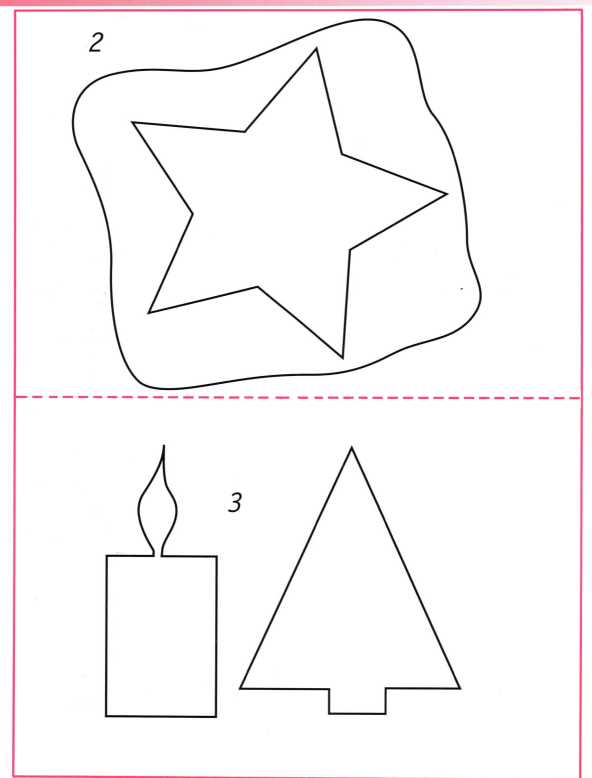

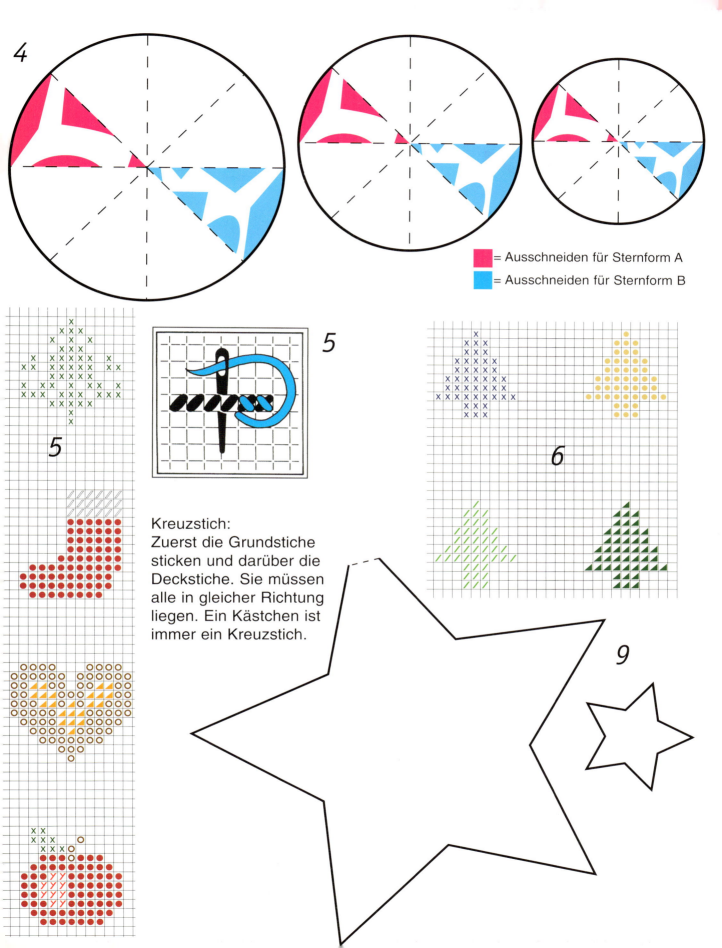

= Ausschneiden für Sternform A
= Ausschneiden für Sternform B

Kreuzstich:
Zuerst die Grundstiche sticken und darüber die Deckstiche. Sie müssen alle in gleicher Richtung liegen. Ein Kästchen ist immer ein Kreuzstich.

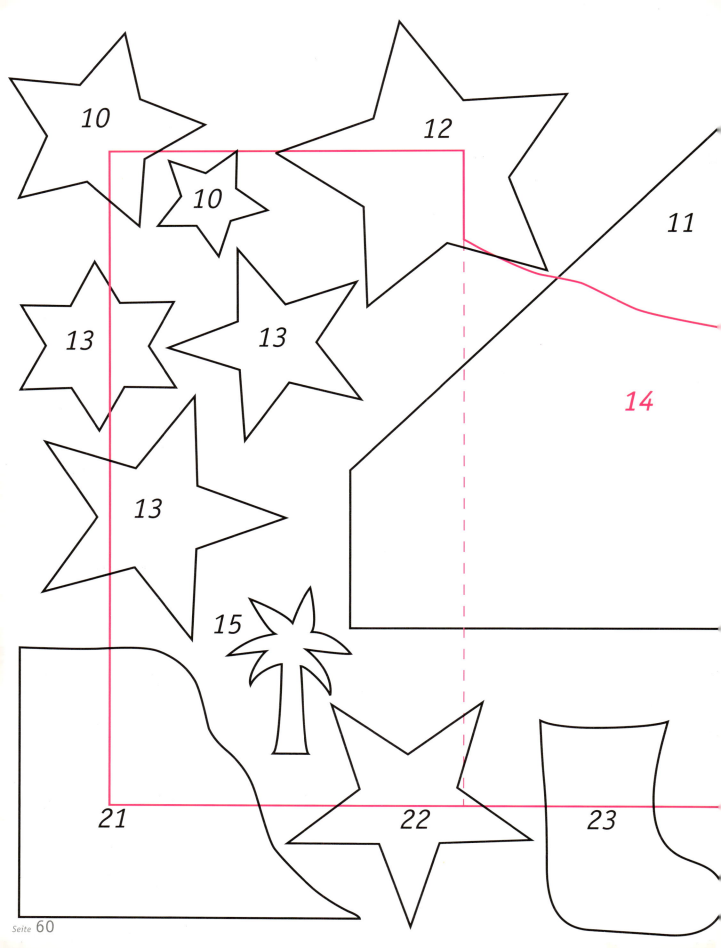

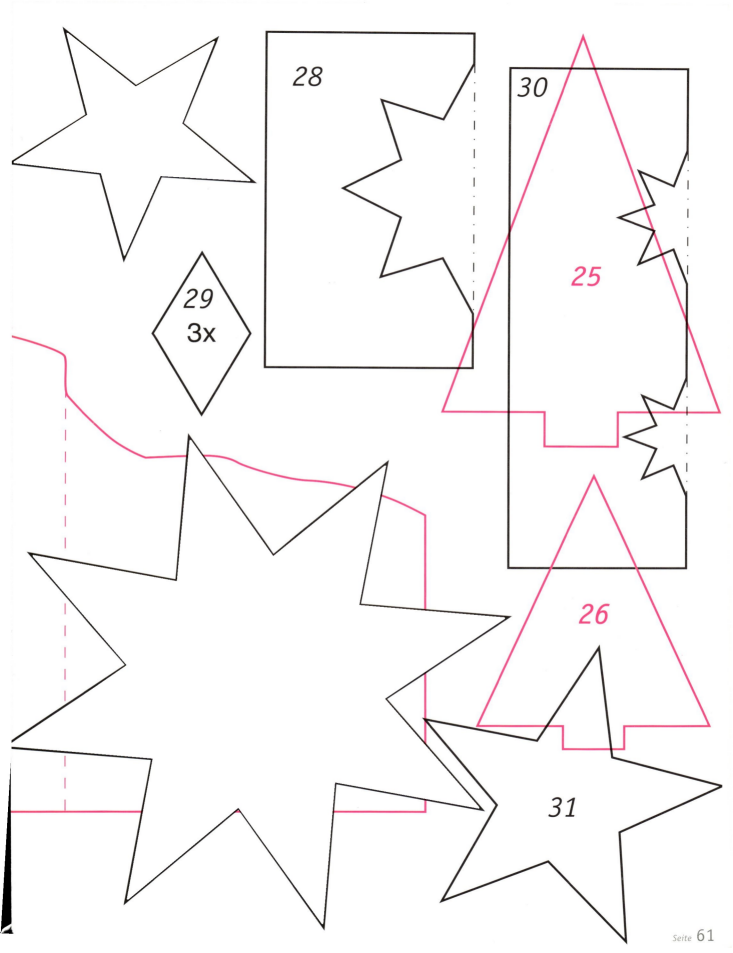

7

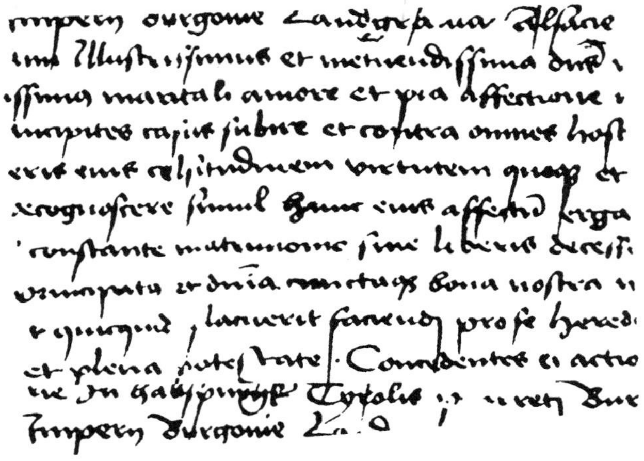

8

Frohe Weihnachten Frohe Weihnachten Frohe Weihnachten
Frohe Weihnachten Frohe Weihnachten Frohe Weihnachten
Frohe Weihnachten Frohe Weihnachten Frohe Weihnachten
Frohe Weihnachten Frohe Weihnachten Frohe Weihnachten

16

Frohe Weihnachten Frohe Weihnachten
Frohe Weihnachten Frohe Weihnachten
Frohe Weihnachten Frohe Weihnachten
Frohe Weihnachten Frohe Weihnachten
Frohe Weihnachten Frohe Weihnachten
Frohe Weihnachten Frohe Weihnachten

17

Buon Natale e felice Ann
New Year Buon Natale e felice Anno
and a happy New Year Buon Natale e feli
ry Christmas and a happy New Year Buon
nnée Merry Christmas and a happy New Y
oël et Bonne Année Merry Christmas and
s Jahr Joyeux Noël et Bonne Année Merry
n gutes Neues Jahr Joyeux Noël et Bonne
chten und ein gutes Neues Jahr Joyeux Noël
ohe Weihnachten und ein gutes Neues Jahr
o Nuovo Frohe Weihnachten und ein gute
Natale e felice Anno Nuovo Frohe Weih
w Year Buon Natale e felice Anno Nuovo
Joyeux Noël et Bonne Année Merry Christm
utes Neues Jahr Joyeux Noël et Bonne Ann
onne Année Merry Christmas and a happy
Noël et Bonne Année Merry Christmas and
Jahr Joyeux Noël et Bonne Année Merry Ch
ein gutes Neues Jahr Joyeux Noël et Bonne
nachten und ein gutes Neues Jahr Joyeux N
rohe Weihnachten und ein gutes Neues Jah
no Nuovo Frohe Weihnachten und ein gut
ale e felice Anno Nuovo Frohe Weihnacht
ew Year Buon Natale e felice Anno Nuovo
nd a happy New Year Buon Natale e felice
and a happy New Year Buon Nat
a happy New Ye

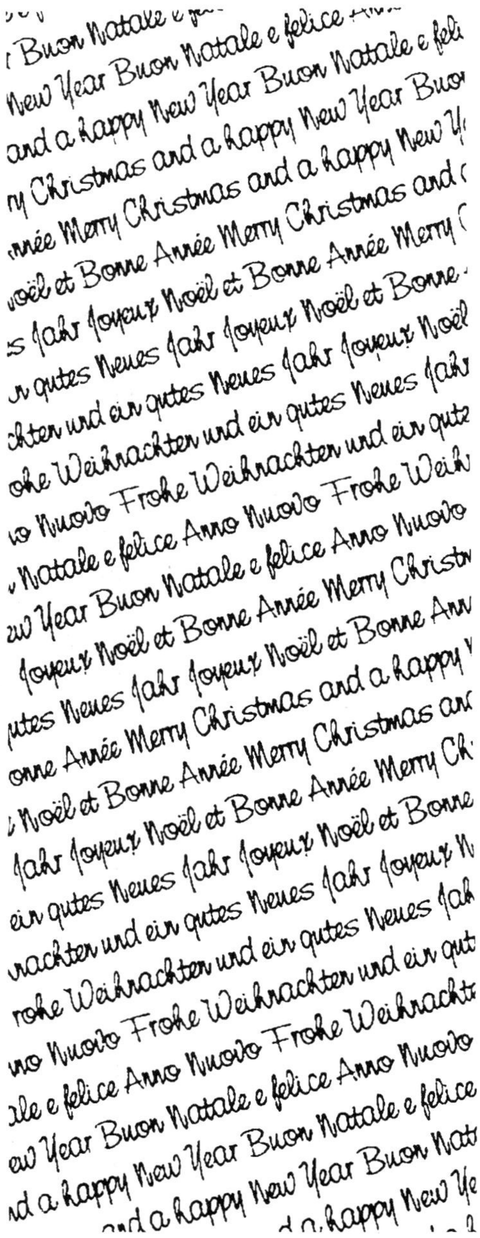

18

FRÖHLICHE WEIHNACHTE
GOD JUL MERRY CHRISTMAS
BUON NATALE JOYEUX NOË
FELIZ NAVIDAD
FRÖHLICHE WEIHNACHTE
GOD JUL MERRY CHRISTMAS
BUON NATALE JOYEUX NOË
FELIZ NAVIDAD
FRÖHLICHE WEIHNACHTE
GOD JUL MERRY CHRISTMAS
BUON NATALE JOYEUX NOË
FELIZ NAVIDAD

19 Frohe Weihnachten

20

Frohe Weihnachten Merry Christmas
God Jul Buon Natale Feliz Navidad
Frohe Weihnachten Merry Christmas
God Jul Buon Natale Feliz Navidad

24

FRÖHLICHE WEIHNACHTEN

25

🎄 FRÖHLICHE WEIHNACHTEN
GOD JUL 🎄 MERRY CHRISTMAS 🎄
BUON NATALE 🎄 JOYEUX NOËL
🎄 FELIZ NAVIDAD 🎄
🎄 FRÖHLICHE WEIHNACHTEN
GOD JUL 🎄 MERRY CHRISTMAS 🎄
BUON NATALE 🎄 JOYEUX NOËL
🎄 FELIZ NAVIDAD 🎄
🎄 FRÖHLICHE WEIHNACHTEN
GOD JUL 🎄 MERRY CHRISTMAS 🎄

26

🎄 FELIZ NAVIDAD 🎄
🎄 FRÖHLICHE WEIHNACHTEN
GOD JUL 🎄 MERRY CHRISTMAS 🎄
BUON NATALE 🎄 JOYEUX NOËL
🎄 FELIZ NAVIDAD 🎄
🎄 FRÖHLICHE WEIHNACHTEN
GOD JUL 🎄 MERRY CHRISTMAS 🎄
BUON NATALE 🎄 JOYEUX NOËL

27

Frohe Weihnachten Frohe Weihnachten Frohe
Frohe Weihnachten Frohe Weihnachten Frohe
Frohe Weihnachten Frohe Weihnachten Frohe
Frohe Weihnachten Frohe Weihnachten Frohe
Frohe Weihnachten Frohe Weihnachten Frohe
Frohe Weihnachten Frohe Weihnachten Frohe
Frohe Weihnachten Frohe Weihnachten Frohe
Frohe Weihnachten Frohe Weihnachten Frohe
Frohe Weihnachten Frohe Weihnachten Frohe
Frohe Weihnachten Frohe Weihnachten Frohe
Frohe Weihnachten Frohe Weihnachten Frohe
Frohe Weihnachten Frohe Weihnachten Frohe

33

Wir wünschen Ihnen besinnliche Feiertage und einen guten Start in das neue Jahr

Weitere Titel aus dieser CHRISTOPHORUS-Reihe

IMPRESSUM

© 2002
Christophorus-Verlag GmbH
Freiburg im Breisgau
Alle Rechte vorbehalten –
Printed in Germany
ISBN 3-419-53250-4

Jede gewerbliche Nutzung der Arbeiten und Entwürfe ist nur mit Genehmigung der Urheberin und des Verlages gestattet. Bei Anwendung im Unterricht und in Kursen ist auf diesen Band hinzuweisen.

Lektorat:
Gisa Windhüfel, Freiburg

Styling und Fotos:
Andreas Gerhardt, Freiburg
Titelfoto: Roland Krieg, Waldkirch

Layoutentwurf:
Network!, München

Gesamtproduktion:
Carsten Schorn, Merzhausen

Druck:
Himmer, Augsburg

Wir sind für Sie da, wenn Sie Fragen haben. Und wir interessieren uns für Ihre eigenen Ideen und Anregungen. Schreiben Sie uns, wir hören gerne von Ihnen!
Ihr Christophorus-Team

Christophorus-Verlag GmbH
Hermann-Herder-Str. 4
79104 Freiburg
Tel. 0761/27 17 - 0
Fax 0761/27 17 - 352
oder e-mail:
info@christophorus-verlag.de

www.christophorus-verlag.de